Mónica Pino Flores

APULEYO EDICIONES   FOMENTO DE VALORES   CUENTOS ILUSTRADOS

VOY A TENER UN HERMANITO

la historia de Ariadna y Arnau

APULEYO EDICIONES   FOMENTO DE VALORES   CUENTOS ILUSTRADOS

¡Hola, hola!

Mi nombre es Ariadna y ¡¡¡¡voy a ser HERMANA MAYOR!!!!

Mis papás me pusieron este nombre tan bonito por una antigua leyenda griega. ¡La leyenda del minotauro!

Mi mamá y mi papá están muuuuuy contentos. Me acaban de decir que VOY A SER ¡SUPERHEMANA MAYOR!

Y que... VOY a TENER un HERMANITO. Pero me han dicho que... ¿está en la barriguita de mamá?

TOC, TOC, TOC... ¿hay alguien ahí? Hermanito, ¿estás ahí?, ¿ahí cabes?

Sabes que me ha dicho mamá... que por tenerte a ti ¡¡¡VOY A SER HERMANA MAYOR!!!

Y eso es muy guayyyy...

Yo no sé muy bien qué es un hermanito. ¿Se puede tocar?, ¿podré jugar con él?, ¿es algo de comer?, ¿me va a gustar?

Le preguntaré a papá qué es tener un hermanito...

—Papá..., eso de tener un hermanito ¿qué es? ¿Tiene nombre? ¿Cómo lo voy a llamar? Le puedo llamar... ¿Mochila? ¿Y dinosaurio?

—Ariadna, un bebé es una personita muy pequeñita que va a vivir con nosotros —me dice papá—. Lo vamos a cuidar, a bañar y, si tú quieres, va a ser tu mejor amigo. ¿Quieres ser su SUPERHERMANA MAYOR?

»Lo primero que tiene este superpoder es que puedes elegir su nombre —me explica papá—. ¿Nos ayudas a elegir uno? Nos gusta mucho a mamá y a mí «Arnau»... ¿Qué te parece?

Tachán, tachán, tachánnnnn. ¡Superhermana mayor!

Tengo que elegir un nombre... ¡¡¡Qué gran responsabilidad!!!

¡Qué importante voy a ser!

A mí me gustaría llamarlo... ¡Helado! Pero ¿y si se lo comen?

Aishh, ¡qué nerviossss!

—Papáááá, papááá, pero ¿qué es exactamente lo que tengo que hacer? ¿Podremos tener secretos? ¿Iremos juntos al parque?

Después de hablar con papá ya me ha dicho que voy a ser muy importante: voy a tener que enseñarle muuuuchas cositas, y voy a poder ayudar a bañarlo, a cambiarle el pañal... ¡Me encanta!

También podré jugar con él y ser ¡¡superhermanosss!!

Ya voy entendiendo qué es ser hermana mayor...

Pues parece que va a ser MUY GUAYYYYY.

¿Me podré quedar con su chocolate? Como es pequeñito..., ¡él no podrá hacer muchas cosasss!

Yo se las guardaré.

Mamááá, mamááá, ¡ya he elegido nombre para la personita chiquitita!

Después de pensar y pensar... ¡Me gusta mucho ARNAU! ¿A que he elegido bien?

Mientras mamá me decía que estaba muy contenta por mi elección, hemos estado preparando la ropita de Arnau para cuando nazca, las dos solitas...

¡¡Ha sido genial!!

Luego me han entrado unas dudas. ¿Cuándo va a salir de la barriguita? Cada vez se está poniendo más y más gordita...

Por si acaso, como es muy pequeñito y yo lo tengo que cuidar, le voy a regalar una estrella mágica hecha por mí. La voy a poner en su cunita para que no tenga miedo.

Hospital
Maternidad

Amigosssss, estoy muy muy nerviosaaaaa. ¿Me podéis ayudar?

—Papá, ¿cuándo va a nacer Arnau? ¿Va a venir ya?

Papá a Ari: —Ya queda muy poquito, Ari, en unas semanas mamá y yo iremos al hospital para que nazca Arnau. ¡Y aquí empieza tu gran MOMENTO como SUPERHERMANA MAYOR!

»Te quiero pedir un favor muy importante. Los yayos se pondrán muy nerviosos cuando vaya a nacer Arnau. Los verás moverse sin parar, correr y decir cosas LOCAS y raritas.

»¿Quieres ser la encargada de vigilarlos? Seguramente quieran pedirte que te quedes a dormir con ellos..., pero les dará vergüenza y no te lo dirán. ¿Te quedarás a dormir con ellos y si pasa cualquier cosa... ¿NOS AVISAS?

—Me lo tengo que pensar, es una gran responsabilidad...

Ria, tú y yo tenemos que mantener la calma mientras vienen papá y mamá con Arnau.

Vamos a vigilar a los YAYOS para que no hagan ninguna tontería.

Así que me voy a quedar a dormir contigo hasta que vuelvan los papis, ¿vale?

—Yaya, yayo..., ¡es un día muy IMPORTANTE! ¡El pequeño Arnau va a nacer! Los papis se van a ir al hospital. Pero no os preocupéis, porque Ria y yo os vamos a ayudar. —Ellos no saben que tengo superpoderes—. Así que he pensado que me voy a venir a dormir con Ria y así os vigilo.

Uys, eso era un secreto...

¡¡Voy a ser hermana mayorrrr!! Yuhuuuuuuu.

Estoy muy emocionada... ¿podré dormir?

—Ariadna, ¡¡qué ganas teníamos de verte!! Te hemos echado muchísimo de menos —dice mamá, lanzándome un beso.

—¿Qué tal los yayos? ¿Se han portado bien? —me pregunta mami—. Tenemos una personita muy pequeñita que presentarte...

¡¡¡HOLA, HOLA, SUPERHERMANA MAYORRRR!!!

—Arnau —le dice mami al bebé—, mira tu hermanita, se llama Ariadna... Está deseando conocerte. Tú también, ¿verdad?

—Arnau está muy contento de que seas su HERMANA MAYOR, nos ha dicho que te quiere muchísimo y que si quieres ser su ¡SUPERHERMANA para siempre!

—¡Claro que sí, Annauete! Yo voy a ser tu superhermana ¡SIEM-
PRE!

APULEYO
EDICIONES

VOY A TENER UN HERMANITO

la historia de Ariadna y Arnau

APULEYO EDICIONES   FOMENTO DE VALORES   CUENTOS ILUSTRADOS

Mónica Pino Flores

APULEYO EDICIONES   FOMENTO DE VALORES   CUENTOS ILUSTRADOS